もちもち！しっとり！さくさく！とろとろ！
今すぐ始める米粉生活。

もちもち米粉の体イキイキ！レシピ

料理研究家・栄養士
今別府 靖子

日東書院

はじめに

米粉で
おいしく、楽しく
ヘルシー生活

私たちの一番身近といってもいい食べもの、お米。
そのお米を粉にしたものが“米粉”です。
お米の持つ質のいい栄養とヘルシーさを併せ持ち、
調理の際に扱いやすいという素晴らしい特徴があります。
小麦の代替品として使えるので、
小麦アレルギーの方にもおすすめ。
そしてなにより新食感を楽しめるのが米粉です。
もっちり、しっとり、さくさく、とろとろ、カリッ！
そのおいしさは一度食べたらやみつきになること間違いなし。
米粉が演出する“ほっぺの落ちるごはんタイム”を
是非あなたも味わってみてください！

もくじ

米粉ガイイ！ その理由教えます

米粉レシピ おかず編

米粉を生地に使う

米粉を揚げ衣に使う

米粉をとろみづけに使う

米粉レシピ お菓子編

米粉で和菓子を作る

米粉で洋菓子を作る

この本のレシピについて

計量の単位/1カップ＝200cc、大さじ1＝15cc、小さじ1＝5ccです。

材料にある「しょう油」は濃口しょう油、「だし汁」はかつおの一番だしです。

電子レンジの加熱時間は500Wの場合を目安にしています。オーブンはあらかじめ設定温度に温めておきます。

卵はMサイズを、打ち粉は米粉を使用しています。

作り方の文中にある❶や❷といった丸囲みの数字は、その作り方の手順番号を指しています。

米粉について

材料の「米粉」は上新粉をさらにこまかくした米粉（P127参照）を使用しています。代替として上新粉でも同じ分量で作れますが、多少の調整が必要な場合もあります。

小麦アレルギーの方へ

この本のレシピでは小麦を使っておりませんが、完全な除去を前提に制作したレシピではありませんので、材料などご確認の上利用してください。

お好み焼き、肉まん、
ホットケーキの生地に米粉を使って

もちもち

もっちもち！
たまらない！
とまらない！
米粉もちもち
食感！

ロールケーキ、チーズケーキ
シフォンケーキの生地に米粉を使って

しっとり

唐揚げ、天ぷら、かき揚げの衣に
米粉を使って

さくさく

米粉で薄衣に
仕上げて
お店よりも上手な
揚げものに！
カリッ! サクッ!

あんかけ、スープ、シチューのとろみづけに
米粉を使って

とろとろ

とろ〜り!!

料理にとろみが
必要な場合にも
米粉は
大活躍します!

米粉NOTE

米粉ってなあに??

米粉とはその名のとおりお米の粉。
一見なじみがないように感じますが、
実は私たちの食生活の中で身近に使われているものです。
たとえば、おだんごは米粉でできています。
和菓子を作る多くの場合に米粉が活躍しており、
上新粉、道明寺粉、白玉粉……（まだまだあります）など、
これらすべてがお米を元にして作られる粉、米粉なのです。
そして、近年開発が進んだ末に特別な米粉が誕生しました。
それが本書で扱う米粉です！

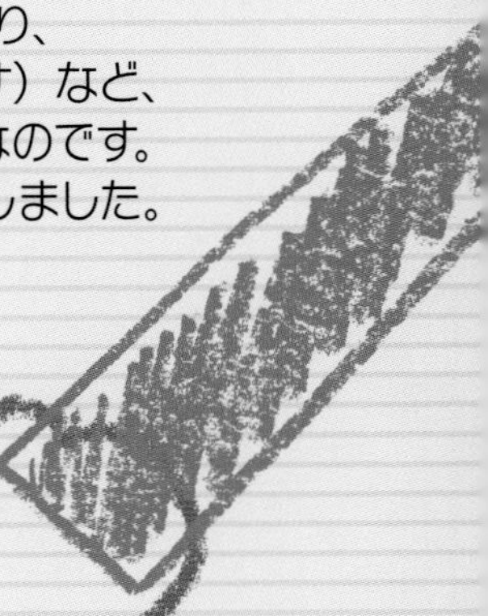

新たなる米粉とは!?

粒子を小麦粉レベルにまで細かくした、
微粒子の米粉！
上新粉をさらに、さらに細かくし、
従来の米粉では苦手分野とされた、
パンやケーキや麺なども
この new 米粉を使えばお手のものに！
でも、どうして？ 小麦粉を使えばいいじゃない。
と思う方もいらっしゃるでしょう。
しかし米粉料理を一度食べたらわかるはず。
何を隠そう米粉は、とってもおいしいのです！

CHECK! NEW KOMEKO!

上新粉の粒子を細かくし、小麦粉よりも微粒子の米粉が誕生。扱う際には、煙が立つように粉が宙を舞う！この新しい米粉はそれくらい微粒子なのです。

上新粉

精白したうるち米を洗い、乾燥させて粉にしたもの。かしわ餅やだんごなどに使われます。

白玉粉

もち米を洗って水びきし、沈殿したものを乾燥させたもの。白玉だんごなどに使われます。

もち粉

もち米を洗い、乾燥させて粉にしたもの。大福餅やあべかわ餅などに使われます。

道明寺粉

もち米を洗い、水にひたしてから蒸して乾燥させ、粉にしたもの。主に桜餅に使われます。

なぜ米粉？どうして米粉？

米粉がイイ！

その理由教えます。

チャームポイントがいっぱいの米粉。
栄養面で優れていることやヘルシーであること、調理のしやすさなど、
ここでは米粉の魅力についてたっぷり語ります！
小麦の代わりではなく米粉だからこそ使いたい、その理由が明らかに！

Komeko Love 1

米粉にはお米のちからがつまっている！

日本人が古来より食べてきたのがお米。しかし近年では洋食の波に押され、パンや小麦製品を食べる機会が多くなり、お米の摂取量は減少の一途を辿っています。現代の食生活は豊かになったものの、栄養バランスの偏りや添加物、食品偽装などの問題がつきまとい、以前の食生活と比べて決して健康的に優れているとはいえない状況です。今だからこそ、従来のお米を中心とした“日本型食生活”を見直す時期ではないでしょうか？　米粉はバランスのよい日本人の体に合った食生活を送る味方となってくれる存在なのです。

2 Komeko Love

米粉で日本型食生活！

私たちが昔から食べてきた日本食の基本、お米とみそ汁。実はこのコンビには体が喜ぶポイントがあるのです。それは必須アミノ酸がパーフェクトに摂取できること！　お米に含まれるアミノ酸と、みそ汁の大豆に含まれるアミノ酸はたがいに不足分を補い合い、完璧な必須アミノ酸群となるのです。

お米＋みそ汁（大豆）

＝

必須アミノ酸をパーフェクトに摂取！

＋

ということは……**米粉＋大豆食品**

＝

同じように必須アミノ酸をパーフェクトに摂取できる！

＋

本書ではできるだけ多くのメニューで、この米粉＋大豆の黄金の方程式を活かせるよう、大豆の栄養素がまるごと詰まった“おから”や、牛乳の代わりに“豆乳”、また“きな粉”などをとり入れ、米粉レシピを作りました。栄養満点の米粉料理はみんなを元気に、そして笑顔にするのです！

小麦アレルギー対策となる救世主

小麦はパンやケーキ、多くの焼き菓子、またパスタや餃子の皮、揚げものの揚げ衣など、私たちが大好きなあらゆる料理に使われています。小麦アレルギーを持っていることは食べるものがとても限られてしまうという辛い状態。そこで救世主となるべくあらわれたのが、米粉です！　ほとんどの料理が小麦粉で作るときと同じように調理でき、味も劣ることはありません。むしろ……、おいしいのです！　米粉を使えば、今まで食べることができなかった食べものもあきらめずに食べることができます。家族や友だちと同じ料理が並ぶ食卓を囲む、そんな幸せを米粉で実現しましょう！

Komeko Love 3

4 Komeko Love

米粉料理は低カロリー！

米粉料理が低カロリーなのをご存知でしたか？　たとえば揚げ衣として使う場合、米粉は小麦粉に比べて粒子が細かいため、薄衣となります。結果油の吸収が抑えられ、それは同時に素材の味を活かすことにもつながるのです！　またスープやホワイトソース、カレー作りなどで小麦粉を使用する際、小麦粉の粉っぽさのもととなるグルテンができないようにするため、バターで炒めるという行程が必要となります。しかし、米粉はそのグルテンを作らないため炒める必要がなく、バターを使わずに作ることができるのです。ということは……、カロリーを抑えることが可能！　米粉を使うことには、料理の仕上がりをヘルシーにするちからがあるのです。

5 Komeko Love

米粉は安心して食べられる食材

食材に関しては、もちろん体に安全なものであることが第１条件です。添加物がたくさん入っていたり、強い農薬が残っている食べものは体に支障をきたします。最近では食品の原産地を偽装していたりと消費者としての不安はつのる一方。しかし、米粉に関していえば国産のお米を原料とし、製粉するために農薬はほとんど残りません。米粉は小さなお子様から、おじいちゃんおばあちゃんまで、みんなが笑顔で安心して食べられる食材です。

調理も簡単！ 片づけも簡単！

米粉の良さはさまざまありますが、調理上においても実はとても優秀です。小麦粉と違ってグルテンができないためダマになりにくく、とても扱いやすいという嬉しいメリットがあるのです。たとえば、お菓子作りなどで生地を混ぜ過ぎてグルテンができ、もったりしてしまった！　という失敗もありません。また米粉は粒子が細かいため、後片づけの際も水でサラッと洗い流せます。皿洗いの時間もぐっと短縮できるはず！　米粉は食べる人にとっても、作る人にとっても嬉しいポイントがたくさんあるのです。

米粉を上手に使うコツ 5ケ条

米粉は小麦粉の代わりとして使えますが、
小麦粉とまったく同じ要領で扱えるかといえば、やはり少し違ってきます。
難しい？ 大変？ そんな心配ご無用！　米粉はとっても扱いやすいものなのです。
5つのコツさえ心得ておけば、誰でも簡単に米粉料理マスターになれます！

1 ふるわずにそのままボウルにIN!

お菓子作りによくある粉類をふるうという行程。めんどくさいなと感じる人も多いはずです。しかし、米粉に関していえば、ふるわなくてもOK！　粒子がとても細かいため、ふるわずそのままボウルに入れてもきれいに混ぜることができるのです。他の粉類とも混ざりやすく、いうことなし！

2 粉っぽさは混ぜ始めのご愛嬌

米粉を生地として他の材料と混ぜる場合、小麦にくらべて初めは少し粉っぽく感じるかもしれません。しかし水分を吸いやすいので、混ぜていくうちにきちんとなめらかに混ざっていきます。先走って「あれ？ 粉っぽい、失敗？」なんて思わずにまずは撹拌、撹拌！

③ 焼く直前に混ぜ混ぜ！

米粉は質量が重いため、水分と混ぜると時間が経つにつれボウルの底などにたまりやすくなります。そのため、焼き菓子を焼く場合などは、先に混ぜておいた生地を火に入れる直前に 再度混ぜておくとよいでしょう。

④ 焼き上がったらしばらくそのままで

クッキーやサブレ、ビスケットなどの焼き上がりはとてもやわらかく、くずれやすくなっています。焼き上がったら冷えてかたまってくるまで、しばらくそっとしておきましょう。すぐに食べたい！　という気持ちはちょっとだけ我慢してくださいね。

⑤ もち粉や豆腐は米粉のよきパートーナー

米粉生地を餃子や肉まん、まんじゅうや大福の具材を包む皮として使う場合は、もち粉や豆腐を混ぜ込むのがおすすめです。米粉だけの生地は伸ばしにくく、ちぎれやすいので、もち粉や豆腐を混ぜ合わせてやわらかい生地にし、扱いやすくしましょう。

おかず編

生地として、揚げ衣として、とろみづけとして、
3つの使い方でいろいろなおかずに姿を変え、
私たちの食卓を豊かにしてくれる米粉。
調理法によって異なる食感の違いを存分に
味わってみてください。

米粉を生地に使う

混ぜて、こねて、米粉の生地はムフフな食感

彩《いろど》りチヂミから 1 → 8 ニョッキのクリームチーズソースあえまで

1 米粉でおかず！

シーフードお好み焼き

油揚げがジューシーさを、シーフードがうま味を演出！
米粉&山芋でもちっふわっと焼き上がります

〈材料〉直径約20cm2枚分

A
- キャベツ…2枚
- 油揚げ…1枚
- シーフードミックス…1カップ
- 万能ねぎ…2本

B
- 米粉…100g
- 卵…1個
- 水…1カップ
- だし汁…大さじ2
- 山芋…150g

サラダ油…適量
お好み焼きソース…適量
削り節…適量
青のり…各適量
マヨネーズ…適量

〈作り方〉

1. キャベツは千切りに、油揚げは1cm角に切り、万能ねぎは小口切りにする。山芋は皮をむいてすりおろす。
2. ボウルにBを入れてよく混ぜ合わせ、Aを加えてさらに混ぜる。
3. 熱したフライパンかホットプレートにサラダ油を敷き、❷を1/2量ずつ流し入れて両面を焼く。
4. こんがりと焼き上がったら、お好み焼きソースをたっぷりぬり、青のり、削り節、マヨネーズをかけていただく。

2 米粉でおかず！

彩《いろど》りチヂミ

緑色と赤色で見た目もにぎやか！
にらがた〜っぷりのもちもちチヂミを召し上がれ

〈材料〉20cm×20cm 2枚分

にら…1束（100g）
納豆…1パック
赤ピーマン…1/2個

A
- 米粉…200g
- 水…3/4カップ
- 卵…1個

ごま油…適量

タレ
- しょう油…大さじ2
- 酢…大さじ1
- 砂糖…大さじ1/2
- ごま油…大さじ1/2
- すりごま…適量
- 粉唐辛子・…お好みの量

〈作り方〉

1. にらは4〜5cmの長さに切り、赤ピーマンは細切りにする。
2. ボウルにAを合わせて生地を作り、❶と納豆を加えてよく混ぜる。
3. フライパンにごま油を熱し、❷を1/2量ずつ流し入れて伸ばし、両面が色よくカリッとなるように焼く。
4. ❸を切り分けて器に盛り、タレをつけていただく。

CHECK

イカやエビ、キムチや豚肉などお好みの具材でアレンジを楽しんでみてください。ピリ辛のタレはポン酢に唐辛子を加えるだけでも簡単に作れます。

3 米粉でおかず！

すいとん

野菜がたっぷり入った栄養満点メニュー！
汁が濁るのを防ぐためだんごは別ゆでに

〈材料〉2人分

米粉…30g
絹ごし豆腐…30g
大根…200 g
にんじん…1/4 本
かぼちゃ…100g
里芋…2 個
万能ねぎ…適量
だし汁…500cc
みそ…大さじ 2
サラダ油…大さじ 1

〈作り方〉

1 ボウルに米粉と軽く水切りした絹ごし豆腐を入れ、手でくずしながら混ぜ合わせる。耳たぶくらいのかたさになるまでこねたら、丸めてだんごにし、沸騰した湯でゆでて浮いてきたらザルに上げる。

2 大根とにんじんはいちょう切り、かぼちゃは種をとって3㎝厚に切る。里芋は小さめの乱切りにして塩をふり、軽く下ゆでしてヌメリをとる。

3 鍋にサラダ油を熱して❷を炒め、だし汁を加える。煮立ったらアクをとり、火を弱めて煮る。

4 材料がやわらかくなったら❶を加えてみそを溶き入れ、沸騰直前に火を止める。最後に小口切りにした万能ねぎを散らす。

4
米粉でおかず！

じゃが芋もっちり焼き

じゃが芋＆米粉のもちもち生地に
明太子のピリ辛味がアクセント

〈材料〉2人分

米粉…100g
じゃが芋…2個
明太子…1/2腹
万能ねぎ…5本
ごま油…適量

〈作り方〉

1 じゃが芋は皮をむいてすりおろす。万能ねぎは小口切りにする。

2 すりおろしたじゃが芋の水気を軽くとってボウルに入れ、米粉と薄皮をとり除いた明太子を入れてよく混ぜる。さらに万能ねぎを加えて全体をよく混ぜ合わせる。

3 フライパンにごま油を熱し、❷を丸く流し入れて両面をこんがりと焼く。

5 米粉でおかず！

水餃子

米粉のもちもち感をいかすには
水餃子やスープ餃子がおすすめ！

〈材料〉12個分

皮
- 米粉…100g
- 片栗粉…大さじ2
- 豆乳…50cc
- 熱湯…150cc

具
- 豚ひき肉…50g
- キャベツ…小1枚
- にら…1/4束
- 長ねぎ…5cm
- A
  - しょう油、酒…各大さじ1
  - 砂糖…大さじ1/2
  - ごま油…小さじ1
  - 塩、こしょう…各少々

タレ
- しょう油…大さじ1
- 酢…大さじ1
- ラー油…適量

打ち粉…適量

〈作り方〉

1. キャベツ、にら、長ねぎはそれぞれみじん切りにし、水気をよく絞る。
2. ボウルに豚ひき肉と❶を入れ、Aを加えて粘りけが出るまで手でよくこねる。
3. 別のボウルに米粉と片栗粉を混ぜ合わせ、豆乳を加えてさらに混ぜる。全体が混ざったら熱湯を一気に加え、ヘラなどで手早く混ぜ、ラップをかけて2〜3分おいて蒸らす。
4. ❸をとり出し、打ち粉をしてよく練り、ひとまとめにしてから棒状に伸ばして12等分に切り分ける。
5. ❹を手で穴が開かないように丸く伸ばして皮を作り、真ん中に❷をのせて包む。
6. たっぷりの湯を沸かし、沸騰しすぎない火力で❺をゆでる。浮いてきたらさらに2分程度ゆでてすくい上げ、器に盛る。タレをつけていただく。

CHECK

皮を作る際は、熱湯を一気に加え、よく混ぜて蒸らすことで生地に粘りが出て伸ばしやすくなります。手順4で生地を扱うときは火傷に注意してください。

6 米粉でおかず！

肉まん

皮作りに豆乳を使うことで米＋大豆のパーフェクトコンビに！

〈材料〉直径５cm6個分

皮
- 米粉…150g
- 片栗粉…50g
- ベーキングパウダー…小さじ１
- 砂糖…大さじ１
- 塩…少々
- 豆乳…3/4カップ

打ち粉…適量

具
- 豚ひき肉…200g
- 長ねぎ…1/3本
- 生しいたけ…２枚
- しょうが…１片
- A
  - しょう油…大さじ３
  - 砂糖…大さじ２
  - ごま油…大さじ１
  - 塩、こしょう…各少々

〈作り方〉

1. 長ねぎ、生しいたけ、しょうがはすべてみじん切りにし、豚ひき肉、Aと合わせてよく混ぜる。
2. ボウルに皮の材料をすべて入れて混ぜ合わせ、手につかないかたさになるまでよくこねる。
3. ❷を５等分し、打ち粉をして円形に伸ばし、❶を包む。
4. ❸を蒸し器に入れて15分～20分蒸す。

7 米粉でおかず!

2種のピザ

簡単米粉生地に具材をのせるだけ
子供も作れるお手軽イタリアン&和風ピザ

〈材料〉直径約15cm2枚分

生地
- 米粉…100g
- 塩…少々
- オリーブ油…小さじ1/2
- ドライイースト…小さじ1/2
- 水…1/2カップ

ピザ用ソース(市販)…適量

A
- 五目ひじき(市販)…40g
- とろけるチーズ…適量
- ミックス豆の水煮…40g

B
- ハム…1枚
- プチトマト…1個
- とろけるチーズ…適量
- イタリアンパセリ…適量

〈作り方〉

1. ボウルに米粉、塩、ドライイーストを入れて混ぜ、オリーブ油も加えて混ぜる。
2. ❶に水を少しずつ加え、ひとまとまりになるまでこねて2等分にする。それぞれを丸めてボウルに入れ、軽くラップをして30〜40分発酵させる。
3. ハムは1cm角に切り、プチトマトはくし切りにする。
4. オーブンシートを敷いた天板に、❷の生地を薄く伸ばす。
5. ❹にピザ用ソースをぬり、AとBの具材をそれぞれの生地にのせ200度のオーブンで15分程度焼く。

CHECK

米粉の生地を発酵させた場合は、普通のパンのように大きく膨らみません。少し膨らんで表面にヒビが入ったら発酵完了の目印です。

8 米粉でおかず！

ニョッキのクリームチーズソースあえ

にんにくの効いたイタリアンな一品
ソースにもニョッキにも米粉がIN！

〈材料〉2人分

ニョッキ
- 米粉…100g
- じゃが芋…200g
- 卵…1個
- オリーブ油…適量

クリームチーズソース
- にんにく…1片
- ベーコン…1枚
- しめじ…1パック
- エリンギ…1本
- 白ワイン…1/4カップ
- A 豆乳…1/2カップ
- A 米粉…大さじ1
- 粉チーズ…大さじ2
- イタリアンパセリ…適量
- 打ち粉…適量

CHECK

じゃが芋のかたまりが残らないようにマッシュすることで、ゆでてもくずれにくいなめらかなニョッキができます。米粉のニョッキはゆでずにおいておくとやわらかくなりやすいので、できるだけ早くゆでましょう。

〈作り方〉

1 Aは混ぜ合わせておく。ベーコンは1㎝幅、しめじは小房に分け、エリンギは適当な大きさに切る。

2 ボウルにゆでてマッシュしたじゃが芋と卵、米粉を入れ、手でよくこねながら混ぜる。

3 ❷がなめらかにまとまったら2等分にし、打ち粉をふった台の上で指の太さくらいの棒状にして、2～3㎝幅に切り、フォークの背に親指を押しつけるようにして生地に形をつけニョッキを作る。塩(分量外)を適量加えた沸騰した湯に、ニョッキを入れてゆでる。ゆで上がったニョッキにオリーブ油をかけておく。

4 フライパンにオリーブ油(分量外)適量とつぶしたにんにくを入れて中火で温める。香りが立ったらベーコンを加えて炒め、にんにくをとり除き、しめじ、エリンギと白ワインを加えてさらに炒める。

5 ❹に混ぜ合わせたAを加えて煮込み、最後に粉チーズと❸を加えて全体を混ぜ合わせる。器に盛りつけ、刻んだイタリアンパセリを散らす。

コメコラム

1

米粉のこともっと知りたい！

米粉Q&A

Q 米粉は小麦粉に比べてカロリーが低いの？

A カロリーだけで比べると100gあたり小麦粉（薄力粉）368kcal、米粉362kcalとあまり差はありません。ただし米粉の場合は油の吸収率が小麦粉に比べて低いため、料理にしたときにカロリーが低くなり、また、腹持ちがいいので通常の量より少なくてもお腹が満足し、結果カロリーを抑えられるのです。

Q 上新粉で代用する場合はどのくらいにすればいい？

A 上新粉で作る場合は仕上がりの食感や膨らみに多少の違いは出ますが、分量や作り方は基本的に米粉と同じです。

Q 市販されている米粉はどれも同じもの？

A 各製粉メーカーによって原料とする米の種類が異なり、米粒の大きさや形状、水分量が違うことや、ひき方にも違いがあるためでき上がる米粉にも多少の違いは生じます。しかし米粉と上新粉ほどの差はないためレシピの分量は同じで構いません。

Q 米粉の保存方法は？

A お米と同じと考えてください。高温多湿を避け、冷暗所で保管します。封を開けていなければ基本的に1年間程度はOKですが、袋などにある賞味、消費期限を確認するようにしてください。

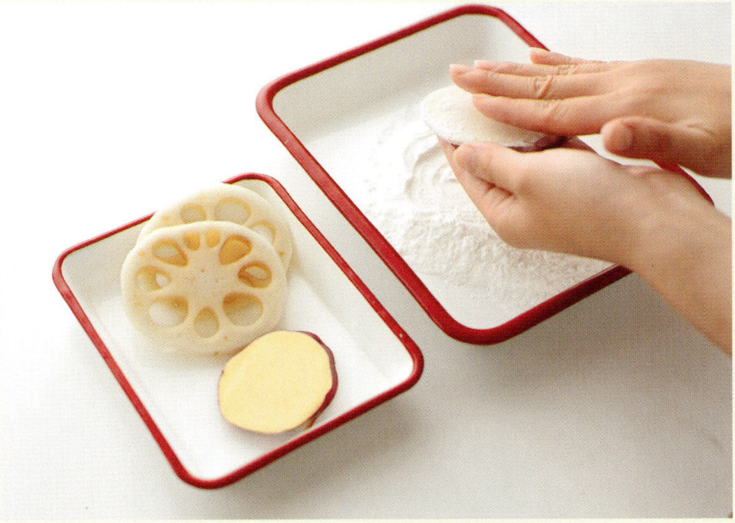

米粉を揚げ衣に使う

パタパタまぶして、ヘルシー衣のできあがり

天ぷらから 9 → 16 豚カリカリ揚げサラダまで

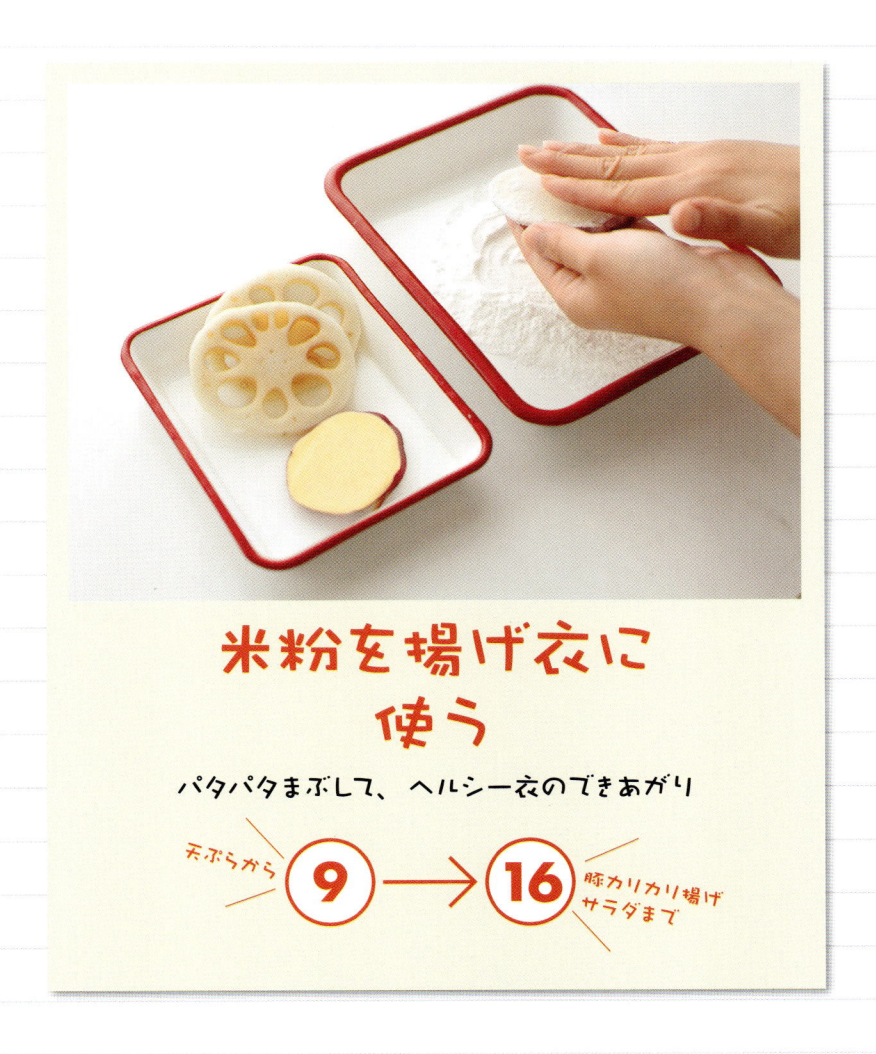

9 米粉でおかず！

天ぷら

油の吸収が少ない薄衣になるため
全体的に低カロリーに仕上がります

10 米粉でおかず！

かき揚げ

桜エビの香ばしさと春菊のほろ苦さ、
大豆の甘味が絶妙なコンビネーション！

9

米粉でおかず！

天ぷら

〈材料〉2人分

エビ…4尾
さつまいも…1/4本
れんこん…小1/2節
生しいたけ…4枚
A 米粉…80g
A 卵+水…1カップ
米粉…適量
揚げ油…適量

〈作り方〉

1 エビは尾を残して殻と背ワタをとり除く。さらに尾の水分を包丁でしごき出し、腹側に2～3ヶ所切れ目を入れる。

2 さつまいもは皮つきのまま斜めに薄切りにし、れんこんは皮をむいて輪切りにし、薄い酢水（分量外）に10分程度つけてアク抜きをする。

3 ボウルにAをよく混ぜ合わせて衣を作る。具材の水気をおさえて全体に米粉を軽くまぶしてから、衣をつけ、170度に熱した揚げ油でカラリと揚げる。

4 お好みで天つゆや塩、レモンでいただく。

CHECK

米粉の衣はグルテンを含まないため混ぜすぎの心配はありませんが、底にたまりやすいので衣をつける直前に混ぜるとよいでしょう。

10 米粉でおかず！

かき揚げ

〈材料〉2人分

桜エビ…20g
玉ねぎ…1/2個
春菊（葉先）…適量
大豆（水煮）…1/2カップ分
米粉…大さじ4
卵…2個
揚げ油…適量

〈作り方〉

1. 玉ねぎは薄切り、春菊は適当な大きさに切る。
2. ボウルに桜エビ、玉ねぎ、春菊、大豆を入れて軽く混ぜ、米粉を全体にまぶす。
3. 卵を溶いて❷にからめ、大きめのスプーンですくい、静かに油に入れて揚げる。

CHECK

クッキングシートを10cm程度の正方形に切り、かき揚げの具材をのせて静かに油に入れます。途中で衣とクッキングシートを離すときれいに揚がります。

11 米粉でおかず！

豆腐のステーキ

ヘルシーな豆腐ステーキはふわふわ食感
七味唐辛子で辛味を増せばおつまみにも

〈材料〉2人分

木綿豆腐…1丁
米粉…適量
バター…大さじ1
A しょう油…大さじ1
　 みりん…小さじ1
ちりめんじゃこ…大さじ2
万能ねぎ…4本
刻みのり…適量
七味唐辛子…適量

〈作り方〉

1 木綿豆腐はキッチンペーパで包み、3分程度電子レンジで加熱して水気をとり、2等分に切る。

2 Aは合わせておき、万能ねぎは小口切りにする。

3 フライパンにバターを熱し、米粉をまぶした豆腐を中火で両面色よく焼く。

4 Aを加えて木綿豆腐にからめたら器に盛りつけ、上からちりめんじゃこと刻みのり、万能ねぎをのせる。お好みで七味唐辛子をかける。

米粉でおかず！

12

スパイシーチキンナゲット

お弁当にも最適な簡単定番メニュー
ブラックペッパーが効いたピリ辛味です

〈材料〉2人分

鶏胸ひき肉…150g
ブイヨン…小さじ 1/2
塩、ブラックペッパー…各少々
おろししょうが…少々
米粉…適量
揚げ油…適量

バーベキューソース
- 中濃ソース…大さじ 1/2
- ケチャップ…大さじ 1/2
- 砂糖…大さじ 1/2
- チリソース…小さじ 1/2

〈作り方〉

1. ボウルに鶏胸ひき肉、ブイヨン、塩、ブラックペッパー、おろししょうがを入れてよく混ぜる。
2. ❶をスプーンなどで小判型に形を整え、米粉をまぶしたら180度の油でカラッときつね色になるまで揚げる。
3. ナゲットにバーベキューソースをつけていただく。

さつま揚げ

イワシのうま味にごぼうの歯ごたえがアクセント
おかずにもおつまみにもなる嬉しいメニューです

〈材料〉2人分

イワシ…4尾
ごぼう…1/4本
ゆでた枝豆…1/4カップ分
A
- 卵…1/2個
- みそ…大さじ1/2
- 酒…大さじ1/2
- しょうが汁…小さじ1
- 米粉…大さじ1

揚げ油…適量

〈作り方〉

1. イワシは手開きにして骨と皮をとり除き、すり鉢ですり身にしてAを加えてさらにする。
2. ささがきにしたごぼうとゆでた枝豆を❶に加えて、全体をよく混ぜ合わせる。
3. ❷をスプーンで形をまとめながら180度の油に静かに入れ、きつね色になるまで揚げる。

14 米粉でおかず！

小アジの南蛮漬け

カラリと揚がった衣にタレが染み込む
酸味が食欲をかき立ててくれる美味な一品

〈材料〉2人分

- 小アジ…4～6尾
- A 米粉…大さじ2
- A 水…大さじ2
- 米粉…適量
- 揚げ油…適量
- 長ねぎ…1/3本
- にんじん…1/4本
- 緑、赤ピーマン…各1/4個
- B 酢…大さじ2
- B だし汁…大さじ1と1/2
- B しょう油…大さじ1/2
- B 塩…少々

〈作り方〉

1. Aは合わせて衣を作る。
2. 小アジは米粉をまぶしてから衣をつけ、中温の揚げ油でカラッと揚げ、油を切っておく。
3. 長ねぎ、にんじん、緑、赤ピーマンはそれぞれ千切りにする。
4. 合わせたBに❷と❸を漬け込み、冷蔵庫で味がなじむまで冷やす。

CHECK

小アジ以外に、イワシやししゃも、鮭などでも合うので、是非お試しください！

五目豆腐

外はカラッ、中はふわっの食感を楽しんで
具材の水気をしっかりとることが上手に揚げるコツ

〈材料〉2人分

木綿豆腐…1丁
にんじん…1/4本
生しいたけ…2枚
さやいんげん…2本
ひじき（乾燥）…10g
A 酒…小さじ1
A 塩…小さじ1
A 米粉…大さじ1
米粉…適量
揚げ油…適量

〈作り方〉

1. 木綿豆腐はキッチンペーパーで包み、３分程度電子レンジで加熱して水気をとる。
2. にんじんと生しいたけは千切り、さやいんげんは斜め薄切りにする。ひじきは戻してから水気を切っておく。
3. ボウルに❶と❷、Aを加えてさらに混ぜる。
4. ❸をひと口大に丸めて米粉をまぶし、170～180度の油でカラリと揚げる。

16 米粉でおかず！

豚カリカリ揚げサラダ

カリカリに揚げることがおいしさの秘けつ
小麦粉で揚げるよりもカリッとしてヘルシー

〈材料〉2人分

豚もも薄切り肉…200g
米粉…適量
レタス…2枚
水菜…1株
赤、黄ピーマン…各1/8個
揚げ油…適量

〈作り方〉

1 豚もも薄切り肉は3㎝程度の長さに切る。レタスと水菜はざく切り、赤、黄ピーマンは細切り、きゅうりは縦半分に切ってから斜め薄切りに切って水に放しておく。

2 切った豚もも薄切り肉に米粉をまんべんなくまぶし、170度の油でカリッときつね色になるまで揚げ、油をよく切る。

3 器に水気をよく切った❶と❷を盛りつけ、お好みのドレッシングをかけていただく。

コメコラム

2

日本の米粉文化

米粉はいったいいつから日本で食べられてきたのでしょうか？
粒が粉になった理由は？
ここでは、日本での米粉の誕生から現在までの
歴史を振り返ってみましょう。

START

日本にお米が伝えられたのは縄文時代。弥生時代からは本格的な稲作が始まり、日本人の主食として米の粒食が広がりました。

奈良時代に入ると、遣唐使により唐菓子が日本に伝来しました。この唐菓子は、米粉や小麦粉を練って成形し、油で揚げたものだったといわれており、米が粉食にされるきっかけとなりました。

唐菓子が伝わったのち、日本でも唐菓子に習い穀物を加工してお菓子を作るようになりました。平安時代には神事に供えられたり、上流階級のおやつとして楽しまれました。

江戸時代になると茶道とともに日本独自の和菓子が発展し、現在食べられているような和菓子が完成されていったといいます。日本全国にも広がり、地方の産物をいかした和菓子も作られるようになりました。

GOAL!

現在では米粉は和菓子以外に、洋菓子やパン、麺などにも加工されるようになり、さまざまな料理で私たちを楽しませてくれる存在となったのです。そして米粉は未来へと活躍を続けるのです！

米粉をとろみづけに使う

と〜ろとろに仕上げておいしさもアップ

シーフードカレーから 17 → 24 ひよこ豆入りマーボー茄子まで

17 米粉でおかず！

シーフードカレー

黄色が鮮やかなカレーは懐かしい味わい
魚貝のうま味がたっぷり詰まったおかわりメニュー！

〈材料〉2人分

- シーフードミックス…200g
- 白ワイン…大さじ1
- A
  - 玉ねぎ…1/2個
  - にんにく…1/2片分
  - しょうが…1/2片分
- B
  - 水…1と1/2カップ
  - 固形スープの素…1個
  - トマトケチャップ…大さじ1
  - ローリエ…1枚
- C
  - 米粉…大さじ3
  - 豆乳…1カップ
- サラダ油…大さじ2
- カレー粉…大さじ1と1/2
- 塩、こしょう…各少々
- ごはん…4杯分

〈作り方〉

1. シーフードミックスは白ワインと混ぜ合わせておく。Aはすべてみじん切りにする。
2. 鍋にサラダ油を熱してAを炒め、香りが出てきたらカレー粉を加えてさらに炒める。
3. ❷にシーフードミックスを加えて炒め、Bを加える。煮立ったら弱火にして15分程度煮込む。
4. 混ぜ合わせたCを❸にかき混ぜながら加え、とろみがつくまで煮込む。最後に塩、こしょうを加え味を調える。
5. ❹をごはんにかけていただく。

CHECK

ガラムマサラ、コリアンダー、クミンなどお好みの香辛料を入れて本格派にアレンジするのもおすすめです。

18 米粉でおかず！

豆乳ホワイトシチュー

体も心も温まる“ホッと”メニュー
豆乳で優しい味わいに仕上がります

〈材料〉2人分

鶏もも肉…200g
塩、こしょう…各少々
米粉…適量
玉ねぎ…1/2個
にんじん…1/2本
じゃが芋…1個
マッシュルーム…2個
グリンピース（缶）…大さじ1
サラダ油…大さじ1
A
- 水…2カップ
- 洋風だしの素…小さじ1
- 白ワイン…1/4カップ
- ローリエ…1枚

B
- 米粉…大さじ2
- 豆乳…1カップ

〈作り方〉

1 鶏もも肉はひと口大に切ってから塩、こしょうで下味をつけて米粉を表面にまぶしておく。玉ねぎ、にんじん、じゃが芋、マッシュルームはそれぞれ食べやすい大きさに切る。

2 鍋にサラダ油を入れて中火にかけ、鶏もも肉を入れて焦がさないように表面を焼く。

3 さらに玉ねぎ、にんじん、じゃが芋、マッシュルームを加えて全体に炒めたら、Aを加えて煮る。

4 具材がやわらかくなったらローリエをとり出し、グリンピースと合わせたBを混ぜながら加え、煮立たせないようにしながらさらに煮る。

5 仕上げに塩、こしょうで味を調え、器に盛りつける。

19 米粉でおかず！

お豆のとろみスープ

野菜とお豆がたっぷり！　米粉でとろ～っとさせてでき上がり

〈材料〉2人分

大根…200g
ほうれん草…2株
玉ねぎ…1/4個
ミニトマト…4個
ソーセージ…2本
ミックス豆（缶）…100g
サラダ油…大さじ1/2
洋風スープ…3カップ
A 米粉…大さじ1
　水…大さじ1
塩、こしょう…各適量

〈作り方〉

1. 大根は小さめの乱切り、ほうれん草は色よくゆでてから3㎝の長さに切り、玉ねぎは薄切り、ミニトマトは縦半分に切り、ソーセージは輪切りにする。
2. 鍋にサラダ油を入れてソーセージを軽く炒め、大根、ほうれん草、玉ねぎを加えてさらに炒める。
3. ミックス豆と洋風スープを加えて弱火で煮る。大根がやわらかくなったらトマトを加えてさらに1～2分煮る。
4. 仕上げに合わせたAを入れてとろみをつけ、塩、こしょうで味を調える。

20

米粉でおかず！

トマトクリームパスタ

クリーミーで具だくさんの満足パスタ
どんな料理にも米粉はなじんでしまうから不思議！

〈材料〉2人分

- スパゲッティ…160g
- エビ…6尾
- ミックス豆（水煮）…100g
- トマトクリームソース
  - 赤唐辛子…小1本
  - にんにく…1片
  - 玉ねぎ…1/4個
  - トマトの水煮…200g
  - オリーブ油…大さじ1
  - A
    - 米粉…大さじ2
    - 牛乳…1カップ

〈作り方〉

1. エビは背ワタをとり、玉ねぎはみじん切りにし、にんにくはつぶす。スパゲッティをゆで始める。
2. フライパンにオリーブ油と赤唐辛子とにんにくを入れて火にかけ、香りが出てきたら玉ねぎを加えて炒める。
3. ❷にトマトの水煮をつぶしながら加えて弱火で3～4分煮込み、合わせたAを少しづつ加えてよく混ぜる。
4. さらにエビとミックス豆を加えて2～3分煮込み、ゆで上がったパスタをからめる。

21 米粉でおかず！

豆乳ロール白菜

とろとろの豆乳スープにつかるロール白菜は
あっさりといただけてお腹にたまる一品です

〈材料〉2人分

白菜…2枚

A
- 鶏ひき肉…100g
- 絹ごし豆腐…1/4丁
- 長ねぎみじん切り…大さじ2
- しょうが汁…小さじ1
- 塩、こしょう…各少々
- 米粉…大さじ1

B
- 豆乳…1と1/2カップ
- 米粉…大さじ2
- 鶏ガラスープの素…小さじ1
- しょう油…小さじ1/2

塩…少々
赤ピーマン…1/4個
スプラウト…適量

〈作り方〉

1 白菜は耐熱皿にのせてラップをして、2分程度電子レンジで加熱する。赤ピーマンは細かく刻む。

2 ボウルにAを入れて、手でよく混ぜ合わせる。

3 白菜は1枚の葉を2等分し、芯のかたい部分を包丁で薄くそぎ落としてから、❷をのせてくるくると巻く。これを4つ作る。

4 鍋に混ぜ合わせたBと❸を入れ、沸騰させないよう弱火で煮る。最後に塩で味を調えて器に盛りつけ、赤ピーマンとスプラウトを散らす。

CHECK

ロール白菜を煮る際、巻き終わりを下にして鍋底におけば、楊枝などでとめなくても白菜がほどけてくることはありません。弱火で煮るのも煮くずれしないポイントです。

とろみづけに使う

大豆たっぷりグラタン

和風具材の入った
変わり種グラタン
厚揚げと豆乳で
大豆パワーがいっぱい！

〈材料〉2人分

厚揚げ…1枚
里芋…2個
長ねぎ…1本
バター…大さじ1/2
A
豆乳…1カップ
米粉…大さじ3
みそ…大さじ1
マヨネーズ…大さじ1
粉チーズ…適量
パセリのみじん切り…適量

〈作り方〉

1. 厚揚げは2㎝の角切りにする。里芋はひと口大に切り、熱湯で5分程度ゆで、もみ洗いしながらヌメリをとる。長ねぎは2㎝の長さに切る。
2. 鍋にバターを入れて溶かし、厚揚げと里芋を加えて軽く炒める。
3. Aを混ぜ合わせて❷に加え、弱火で2～3分煮る。
4. 耐熱容器に❸と長ねぎを入れ、粉チーズとパセリをふってオーブンで焼き色がつくまで焼く。

白身魚のあんかけ

淡白な白身魚にしっかり味のあんがおいしい
魚嫌いもペロリと食べられそうなおすすめおかず

〈材料〉2人分

白身魚（タラなど）…2切れ
塩、こしょう…各少々
米粉…適量
サラダ油…大さじ1
玉ねぎ…小1個
にんじん…1/4本
絹さや…3枚
だし汁…3/4カップ
しょう油…大さじ1
みりん…大さじ1
A　米粉…大さじ1
　　水…大さじ2

〈作り方〉

1 玉ねぎ、にんじん、絹さやは千切りにする。

2 白身魚に塩、こしょうで下味をつけ、米粉を全体にまぶす。

3 熱したフライパンにサラダ油を入れ、白身魚を皮目の方から入れて焦がさないように両面を焼き、中まで火を通す。

4 鍋にだし汁と❶を入れて煮る。火が通ったらしょう油とみりんを加え、最後にAを加えてとろみをつける。

5 ❸を器に盛りつけ、❹をかける。

ひよこ豆入り マーボー茄子

ピリ辛な味つけでごはんがすすむ一品
甜麺醤と鶏ガラスープのうま味が効いています

〈材料〉2人分

豚ひき肉…100g
なす…1本
ひよこ豆(水煮)…50g
にんにく…1/2片
しょうが…1/2片
長ねぎ…1/4本
サラダ油…大さじ1
A 豆板醤…大さじ1
　甜麺醤…大さじ1
B しょう油…大さじ1
　酒…大さじ1
　砂糖…小さじ1/2
C 米粉…大さじ1
　水…大さじ2
鶏ガラスープ…1/2カップ
ごま油…大さじ1/2

〈作り方〉

1. A、B、Cはそれぞれ合わせる。なすは小さめの乱切りにする。にんにく、しょうが、長ねぎはみじん切りにする。
2. フライパンにサラダ油を熱し、にんにくとしょうが入れて香りが出たら、豚ひき肉を加えてポロポロになるまで炒める。
3. ❷になすを加えて炒め、全体に油が回ったらAを加えてさらに炒めて鶏ガラスープとひよこ豆を入れる。
4. ❸にBを加えて中火にし、水気が少しなくなる程度まで煮る。
5. 最後にCを加えてとろみをつけ、仕上げに長ねぎとごま油を加えて軽く煮込む。

コメコラム

3

米粉を米から

「米粉はお米の粉だから、米粒をつぶせば
自分で米粉ができるのでは??」
そんなふうに思われる方もいらっしゃるはず。
確かに米粉は石うすでひいて作られていたものですし、
自宅に残った古米の有効利用に米粉作りは最適です。
では、いざトライ！ さあ米粉を上手に作れるでしょうか!?

1

普段お米を炊くときと同様にお米を研ぎます。研いだお米を１～２時間程度、たっぷりの水にひたしておきます。

2

ザルに上げて、水気をよく切ります。米粒が白くなり、触るとポロポロする程度まで完全に乾燥させます。

水気が残っていると砕いた際にべちゃべちゃになってしまうのでしっかり水切りをしましょう。とろみづけのために使う場合は乾燥させずそのまま砕いてもOKです。

作ってみよう!

3

すり鉢でごりごりとすります。1合程度なら10〜15分程度で粉状になります。

水にひたす時間が長ければ長いほど、砕きやすくなります。

4

少し粗めの米粉が完成！　すり鉢ではやはり市販の米粉のように微粒子にはできません。しかし多少粗い米粉でもだんご作りやとろみづけには十分に活躍してくれます。

すり鉢以外にも、フードプロセッサーやミルで米粒を砕く方法もありますが、機械の故障につながることもありますので注意してください。

お菓子編

和菓子に洋菓子にと、米粉で作れる
お菓子メニューはたくさん。
小麦粉でケーキは作れても、だんごは作れません。
でも米粉なら、おだんごもおまんじゅうも
ケーキもクッキーも作れちゃう！

米粉で和菓子を作る

もちろん和菓子は大得意！　もちもちのおいしさがたまらない！

白玉汁粉から 25 → 36 やわらか フルーツ大福まで

25 米粉でお菓子！

白玉汁粉

豆腐入りの米粉だんごは舌触りなめらか
あずきはコトコト時間と愛情をかけて煮ましょう

〈材料〉2人分

米粉…100g

絹ごし豆腐…100g

つぶあん
(作りやすい分量／市販でも可)
あずき…300g
砂糖…300g

〈作り方〉

1 ボウルに米粉を入れ、絹ごし豆腐を手でくずしながら米粉と混ぜ合わせる。

2 絹ごし豆腐の粒々がなくなり、耳たぶくらいのかたさになるまでよくこねたら、だんご状に丸めて沸騰した湯でゆでる。

3 浮いてきたらさらに1分程度ゆで、冷水にとって粗熱をとる。

4 あずきはざっと水で洗って鍋に入れ、3倍程度の水を入れて強火にかける。沸騰したらいったんザルに上げてゆで汁を捨て、鍋に戻したらあずきがかぶるくらいの水を加えて強火にかける。

5 沸騰したら弱火にして途中であずきが空気にふれないように水を足しながら、やわらかくなるまで弱火でゆっくり煮る。

6 豆がふっくらとやわらかくなったら砂糖を加え、煮汁がひたひたになるまでコトコトと煮る。

7 ❻と軽く温めた❸を器に盛る。

26 米粉でお菓子！

黒糖栗蒸しようかん

栗をごろっとまるごとのせて贅沢に
黒糖のやさしい甘味がおいしい一品です

〈材料〉

10×20cmの
パウンド型1個分

こしあん（市販）…300g
米粉…50g
黒砂糖…30g
豆乳…1/2カップ
栗の甘露煮…8個

〈作り方〉

1 栗の甘露煮は分量のうち3個を細かく刻む。型にクッキングシートを敷いておく。

2 ボウルにこしあん、米粉、黒砂糖を入れてよくねり混ぜる。

3 ❷に豆乳を加え、なめらかになるまで混ぜたら、最後に刻んだ栗を加えて混ぜる。

4 型に❸を流し入れて表面を平らにならしたら、蒸気の立った蒸し器に入れて強火で20分程度蒸す。

5 表面をヘラなどでならし、残りの栗をのせてさらに5分蒸す。

6 蒸し器からとり出し粗熱をとったら、クッキングシートごと型からはずし、室温にしばらくおく。完全に冷めたら切り分ける。

27 米粉でお菓子！

黒ごま入り揚げごまだんご

米粉だんごをアレンジしたメニュー
揚げたごまの香ばしさがたまらない！

米粉まんじゅう

蒸した米粉まんじゅうの表面はつやつや！
できたて熱々を食べられるのは手作りの喜び

27 米粉でお菓子！

黒ごま入り揚げごまだんご

〈材料〉直径4cm 5個分

米粉…50g
絹ごし豆腐…50g
つぶあん（P70参照）…30g
黒すりごま…大さじ2
白いりごま…適量
揚げ油…適量

CHECK

手順4でだんごを揚げる際、揚げ過ぎてしまうとヒビが入りあんが飛び出すので注意してください。

1 ボウルに米粉を入れ、絹ごし豆腐を手でくずしながら米粉と混ぜ合わせ、豆腐の粒々がなくなり耳たぶくらいのかたさになるまでよくこねたら、5等分にして丸める。

2 つぶあんをへらなどで練り、汁気がなくなるまで煮詰めて練りあんを作る。黒ごまを加えてよく混ぜ合わせ、5等分にして丸める。

3 ❶で❷を包み込み、丸く形を整えて表面全体にまんべんなく白ごまをつける。

4 揚げ油を160度に熱し、❸を入れてごまがきつね色になるまで揚げる。

28 米粉でお菓子！

米粉まんじゅう

〈材料〉直径5cm8個分

米粉…200g
きび砂糖…大さじ1
熱湯…150cc
つぶあん（P70参照）
…100g
打ち粉…適量

CHECK

米粉の生地は伸びにくいため、蒸らすことでやわらかくなり、あんを包みやすくします。

1 つぶあんは8等分にして丸めておく。

2 ボウルに米粉ときび砂糖を入れてよく混ぜる。さらに熱湯を加えて麺棒やヘラなどで手早くかき混ぜ、耳たぶくらいのかたさになるようにこね、ラップをして3分程度蒸らす。

3 打ち粉をふりながら、❷を8等分に丸め、手で丸く伸ばして中に❶を入れて包む。

4 蒸し器にクッキングシートを敷き、生地のつなぎ部分を下にして間隔をあけて並べ、15分程度蒸す。

29 米粉でお菓子!

みたらしだんご

人気の定番メニューを米粉で手作り
お花見や行楽のおともに是非!

〈材料〉12個分

- 米粉…100g
- 絹ごし豆腐…100g
- A
  - しょう油…大さじ2
  - 砂糖…大さじ2
  - みりん…大さじ2
  - 水…大さじ4
- B
  - 米粉…大さじ1
  - 水…大さじ2

1 ボウルに米粉を入れ、絹ごし豆腐を手でくずしながら米粉と混ぜ合わせる。

2 絹ごし豆腐の粒々がなくなり耳たぶくらいのかたさになるまでよくこね、だんご状に丸めたら沸騰した湯でゆでる。

3 浮いてきたらさらに1分程度ゆで、冷水に放ち粗熱をとる。

4 鍋にAを合わせて中火にかける。ひと煮立ちしたらいったん火を止め、合わせたBを加えてとろみをつけ、❸とからめる。

30 米粉でお菓子！

まっ黒ごま汁粉

驚きの真っ黒な汁粉はごまのうま味が凝縮
元気を出したいときにはぴったりの一品！

〈材料〉2人分

米粉…300g
黒すりごま…50g
きび砂糖…大さじ3
水…1と1/2カップ

1 鍋に米粉、黒すりごま、きび砂糖を入れてよく混ぜる。

2 ❶に水を少しずつ加えながらさらによく混ぜ合わせる。

3 ❷を火にかけ、弱火でゆっくりトロトロになるまで煮る。

31 米粉でお菓子！

きんつば

さつま芋のやさしい味わいが絶品なお菓子
焦らず丁寧に焼くことがきれいに仕上げるコツ！

〈材料〉

10×20cmの
パウンド型1台分

さつま芋…200g
砂糖…10g
粉寒天…3g
湯…1/2カップ
A 米粉…大さじ4
　水…大さじ5
サラダ油…少量
米粉…適量

〈作り方〉

1 さつま芋は1cm厚の輪切りにし、皮を厚くむいて水にさらし、アク抜きをする。

2 鍋に❶のさつま芋とかぶるくらいの水を入れてやわらかくなるまでゆで、水分をとばしたらマッシャーでつぶして熱いうちに砂糖を加えてよく混ぜる。

3 湯に粉寒天を溶かしてふやかし、❷に加えて木べらで全体を手早く混ぜ合わせる。

4 ❸を型に流し入れて表面を平らにならす。粗熱がとれたら冷蔵庫で冷やしかため、型からはずして8等分に切る。

5 ❹の表面に米粉をまぶし、さらに手でていねいにAの衣を全面にまんべんなくつける。油を薄くひいて弱火で温めたフライパンでじっくりと焦げないように焼く。

32 米粉でお菓子！

なす味噌入りのおやき

こどもからお年寄りまで大好きなおやつメニュー
いろいろな具材でバリエーションをつけても◎

〈材料〉8個分

皮
- 米粉…200g
- ベーキングパウダー…小さじ2
- きび砂糖…大さじ1/2
- 熱湯…250cc
- 片栗粉（打ち粉）…適量

具
- なす…2本
- ごま油…1/4束
- きび砂糖…大さじ1
- みそ…大さじ1

打ち粉…適量

〈作り方〉

1 なすは小さい乱切りにしてごま油で炒め、きび砂糖（大さじ1）とみそを加える。味がなじんでしんなりしたら火をとめ、冷ましておく。

2 ボウルに米粉とベーキングパウダーときび砂糖（大さじ1/2）を入れてよく混ぜる。さらに熱湯を加えてヘラなどで手早くかき混ぜ、耳たぶくらいのかたさになるようにこねてラップをし、3分程度蒸らす。

3 打ち粉をして❷を8等分に丸め、手で丸く伸ばしたら、中に❶を入れて包む。

4 蒸し器にクッキングシートを敷き、生地のつなぎ部分を下にして間隔をあけて並べ、15分程度蒸す。

5 ❹の粗熱がとれたら、フライパンで焼き色がつく程度に両面焼く。

CHECK

中に入れるあんは、なす以外にも高菜の油炒めやさつま芋、つぶあんなどがよく合います。市販のお総菜を利用するととても手軽に作れます。

豆乳かるかん

鹿児島をはじめ九州地方でおなじみの和菓子
簡単に作れるのでおやつの定番メニューに是非！

〈材料〉
10×20 cmの
パウンド型1台分

山芋…200g
A
上白糖…120g
豆乳…1/2 カップ
米粉…140g

1 すりおろした山芋にAを加え、とろっとするまでよく混ぜ合わせる。

2 さらに米粉を加え、空気が入らないようによく混ぜ、クッキングシートを敷いた型に流し入れて表面をならす。

3 蒸気の上がった蒸し器で、30分程度蒸す。

4 粗熱がとれたら型から出して冷まし、適当な大きさに切る。

34 米粉でお菓子！

かりんとう風ごま焼き

ごまの味わいをいかしたかりんとう風のお菓子
黒と白の色違い2種で風味の違いを楽しんで

〈材料〉約24本分

絹ごし豆腐…50g

A
- 米粉…100g
- 片栗粉…50cc
- ベーキングパウダー…小さじ1
- 豆乳…1/4カップ

きび砂糖…30g

黒ごま…大さじ1

ごま油…小さじ1

B
- 黒砂糖…1/2カップ
- 水…1カップ

C
- 上白糖…1/2カップ
- 水…1カップ

1 ボウルに絹ごし豆腐を入れてくずし、Aを加えてよく混ぜ合わせる。きび砂糖、黒ごま、ごま油を加えてさらによく混ぜ合わせる。

2 クッキングシートを敷いた天板に、❶を1㎝程度の厚さに四角く平らに伸ばしたら、かりんとうの長さに切り分けて、間隔をあけて並べる。

3 170度のオーブンで30分程度焼く。

4 焼き上がったら、それぞれ合わせたBとCに❸を半量ずつからませる。

和菓子

35 米粉でお菓子！

豆乳入り黒蜜抹茶どら焼き

鮮やかな緑が見た目に美しいどら焼き
黒砂糖とはちみつでコクのある生地に

〈材料〉5個分

卵…1個
黒砂糖…50g
はちみつ…大さじ1
A
　米粉…100g
　抹茶…小さじ1
　重曹…小さじ1/2
豆乳…大さじ4
サラダ油…適量
つぶあん（P70を参照）…150g

〈作り方〉

1 ボウルに卵を割り入れてよく溶き、黒砂糖とはちみつを加えて泡立て器でさらによく混ぜる。

2 ❶に合わせたAを加えて手早く混ぜ、最後に豆乳を加えよく混ぜ合わせる。

3 ホットプレートまたはフライパンを弱火に温め、薄くサラダ油を敷いて生地を丸く流し入れる。

4 表面にプツプツと穴があいてきたら、裏返して焦げないように軽く焼く。

5 2枚をひと組として、間につぶあんをはさむ。

36 米粉でお菓子！

やわらかフルーツ大福

もちもちのやわらか～い生地に包んで
つぶあんの甘味とフルーツの酸味は相性ばつぐん

〈材料〉8個分

米粉…50g
もち粉…50g
きび砂糖…大さじ2
水…3/4カップ
つぶあん（P70参照）
…160g
パイナップル輪切り（缶）
…1/2切れ
黄桃（缶）…1切れ
きな粉…適量
打ち粉…適量

〈作り方〉

1 フルーツは各半量づつ細かく切り、つぶあんと混ぜ合わせておく。残りの各半量はトッピング用に8等分に切っておく。

2 耐熱容器に米粉、もち粉、きび砂糖、水を入れて軽く混ぜ、ラップをして電子レンジで30秒程度加熱し、いったんとり出してヘラなどで全体をよく混ぜ合わせる。

3 再びラップをして30秒程度加熱し、打ち粉をふった皿などにうつして粗熱をとる。

4 打ち粉をふりながら❸を8等分にし、丸く伸ばしたら❶のあんをのせて包む。トッピング用のフルーツをのせ、仕上げにきな粉をふる。

CHECK
生地がやわらかいため、包む際はていねいに伸ばしながら具を包んでください。

コメコラム

4

アジアの米粉市場

お米は日本だけでなく、アジア諸国でも主食とされています。
つまり米粉の食文化はアジアにも存在するのです。
ここでは国々に受継がれてきた米粉料理をご紹介します。

身近な米粉を使ったアジア料理といえば、ビーフンやフォーのライスヌードル。ビーフンは中国やシンガポール、フィリピンやタイなど、多くの国で調理法は違えど親しまれています。フォーは日本でも人気の料理となり、ベトナム料理の代表としてあげられます。

そのほか、フィリピンでは米粉を使ったパンケーキのようなパン、ビビンカが、インドやスリランカなどでは米粉蒸しパンが、インドネシアやタイでは米粉を使い発酵させたパンなど、米文化を持つ国々では米粉料理が日常的に楽しまれているのです。

米粉で洋菓子を作る

米の粉から生まれる絶品洋菓子を心ゆくまで召し上がれ！

あずきのパウンドケーキから 37 → 59 豆乳ゼリーのオレンジピューレがけまで

37 米粉でお菓子!

あずきの パウンドケーキ

あずきのやさしい甘味が口いっぱいに広がります
抹茶の茶菓子としても合う和風味なお菓子

キャロット パウンドケーキ

ふわふわの食感が楽しめるやわらかケーキ
にんじん嫌いの人も是非お試しあれ!

米粉でお菓子! 38

39 米粉でお菓子！

くるみのしっとりパウンドケーキ

キメの細かいしっとりとした米粉生地がおいしい
くるみの香ばしさときび砂糖の素朴な甘味が◎

りんごのパウンドケーキ

りんごがたくさん詰まったずっしりと重いケーキ
きな粉の風味がよく効いています

米粉でお菓子！ 40

37 米粉でお菓子！

あずきのパウンドケーキ

〈材料〉

10×20cmの
パウンド型1台分

A
- 米粉…100g
- ベーキングパウダー…小さじ1

ゆであずき…100g

サラダ油…大さじ2

豆乳…1/4カップ

B
- 卵黄…2個分
- きび砂糖…30g

C
- 卵白…2個分
- きび砂糖…30g

〈作り方〉

1. ボウルにBを溶き、サラダ油と豆乳を加える。
2. ❶にゆであずきを加えて全体に混ぜて、さらにAを混ぜ合わせる。
3. 別のボウルにCの卵白を入れて少し泡立て、きび砂糖を２～３回に分けて加えてツノが立つまで泡立て、かためのメレンゲを作る。
4. ❷に❸を入れてメレンゲをつぶさないように全体を混ぜ合わせる。
5. クッキングシートを敷いた型に❹を流し入れ、170度のオーブンに入れて、25～30分焼く。

38 米粉でお菓子！

キャロットパウンドケーキ

〈材料〉

10×20cmの
パウンド型1台分

米粉…50g
にんじんのすりおろし…80g
サラダ油…大さじ 1
豆乳…1/4 カップ

A
- 卵黄…3 個分
- きび砂糖…50g

B
- 卵白…3 個分
- きび砂糖…30g

〈作り方〉

1 ボウルにAを溶き入れ、にんじんのすりおろしを加えて全体に混ぜ合わせる。

2 ❶に豆乳とサラダ油を加えて混ぜたら、米粉を加えさらによく混ぜ合わせる。

3 別のボウルにBの卵白を入れて少し泡立て、きび砂糖を２～３回に分けて加えてツノが立つまで泡立て、かためのメレンゲを作る。

4 ❷に❸を入れてメレンゲをつぶさないように全体を混ぜ合わせる。

5 クッキングシートを敷いた型に❹を流し入れ、170度のオーブンに入れて、25～30分焼く。

39 米粉でお菓子！

くるみのしっとりパウンドケーキ

〈材料〉

10×20cmの
パウンド型1台分

- A
  - サラダ油…50cc
  - きび砂糖…10g
- 卵黄…2個分
- 豆乳…3/4カップ
- B
  - 米粉…150g
  - ベーキングパウダー…小さじ1
- C
  - 卵白…2個分
  - きび砂糖…40g
- くるみ…50g

〈作り方〉

1 ボウルにAを入れて泡立て器でよく混ぜ、卵黄を1個ずつ加えて混ぜ合わせる。

2 ❶に豆乳を加えて混ぜ、さらにBを合わせて加え、全体によく混ぜる。

3 別のボウルにCの卵白を入れて少し泡立て、きび砂糖を2〜3回に分けて加えてツノが立つまで泡立て、かためのメレンゲを作る。

4 ❷の生地に❸を加え、メレンゲの泡がつぶれないように、ゴムべらでさっくりと混ぜ合わせ、最後に半量刻んだくるみを加えて全体に混ぜ合わせる。

5 クッキングシートを敷いた型に❹を流し入れ、残りのくるみをトッピングして180度のオーブンで25〜30分焼く。

40

米粉でお菓子！

りんごのパウンドケーキ

〈材料〉

10×20㎝の
パウンド型1台分

無塩バター…100g
きび砂糖…100g
卵…2個

A
- 米粉…100g
- アーモンドパウダー…30g
- きな粉…20g

りんご…1個
きび砂糖…20g
レモン汁…大さじ1
シナモン…適量

〈作り方〉

1 無塩バターは室温に戻し、Aは混ぜ合わせておく。

2 りんごはよく洗って皮つきのまま芯をとり、1㎝の角切りにする。小鍋に無塩バター小さじ1程度（分量外）とりんごを入れて弱火で炒め、きび砂糖（20g）を加えて焦がさないように煮詰める。仕上げにレモン汁とシナモンを入れて混ぜ合わせ、火から下ろして冷ましておく。

3 ボウルに無塩バターを入れクリーム状に練り、きび砂糖（100g）を加えてすり混ぜたら、卵を加えてよく混ぜ合わせる。

4 ❸にAを加えて混ぜ、粉っぽさがなくなったら❷を混ぜ合わせる。

5 クッキングシートを敷いた型に❹を流し入れ、170度のオーブンに入れて、30～40分焼く。

サクサククッキー

サクッほろっと口の中で
くずれる繊細なクッキー
焼きたてはやわらかいので
冷ましてから召し上がれ

〈材料〉

直径約4cm 20枚分

米粉…200g
無塩バター…100g
きび砂糖…60g
豆乳…1/4カップ
フルーツビッツ…適量
ナッツ類…適量

〈作り方〉

1. 室温に戻した無塩バターをクリーム状に練り、きび砂糖を２回に分けて加えよくすり混ぜる。
2. ❶に米粉、豆乳の順に加えながらよく混ぜ合わせる。
3. ❷の生地を大きめのビニール袋に入れ、その上から麺棒などで４～５㎜程度の厚さに伸ばし、冷蔵庫で30分程度冷やしかためる。
4. 生地がなじんでかたまったら、ビニール袋から出して好きな型で型抜きし、フルーツビッツやナッツ類をトッピングする。
5. クッキングシートを敷いた天板に4を並べ、180度のオーブンで15～20分焼く。

42 米粉でお菓子！

バナナのパンケーキ

もちっとした新食感パンケーキのできあがり！
朝食にもおやつにもぴったりな一品

〈材料〉

直径10cm4枚分

- 無塩バター…40g
- きび砂糖…20g
- 卵…1/2個
- 豆乳…1/2カップ
- サワークリーム…20g
- A 米粉…70g
- A ベーキングパウダー…小さじ1
- バナナ…1本
- メープルシロップ…適量

〈作り方〉

1. ボウルに室温に戻しておいた無塩バターを入れて混ぜ、クリーム状になったらきび砂糖を加え、よくすり混ぜる。
2. さらに溶いた卵、豆乳、サワークリーム、Aの順に加えて全体をよく混ぜ合わせる。
3. 飾り用を残してバナナをフォークの背でつぶし、❷の生地に混ぜ合わせる。
4. フライパンに油少々（分量外）を軽く熱し、❸の生地を丸く流して両面を焦がさないように焼く。
5. 器に盛りつけ、バナナをのせてメープルシロップをかける。

43

米粉でお菓子！

黒豆蒸しパン風ケーキ

黒豆のやさしい甘味がおいしい
食べごたえ十分なもちもちケーキ

〈材料〉

5×10cmの
パウンド型2個分

A
- 米粉…100g
- ベーキングパウダー…小さじ1

きび砂糖…40g

豆乳…3/4カップ

黒豆の水煮（市販）…50g

〈作り方〉

1 ボウルにAをよく混ぜ合わせる。

2 ❶にきび砂糖と豆乳を加えて、粉っぽさがなくなり、生地がなめらかになるまでゴムベラでよく混ぜる。

3 ❷に黒豆を適量混ぜ合わせ、型に流し入れたら生地の上に黒豆をトッピングする。

4 160度のオーブンで20～30分焼く。

おからドーナツ

米粉、豆乳、きび砂糖、おからで作るヘルシードーナツ
トッピングはバリエーション豊かに遊び心で飾って

〈材料〉直径5cm約12個分

- 無塩バター…20g
- きび砂糖…80g
- 卵…2個
- 豆乳…大さじ4
- 生おから…100g
- A
  - 米粉…100g
  - ベーキングパウダー…小さじ2
- 揚げ油…適量
- トッピング用
  - スイートチョコレート
  - チョコスプレッド
  - ココナッツ
  - アーモンド
  - 粉糖など

〈作り方〉

1. 室温に戻した無塩バターをクリーム状に練り、きび砂糖、溶いた卵、豆乳、生おからの順に加えてよく混ぜる。
2. ❶にAを加え、全体を混ぜ合わせる。
3. ❷の生地をまとめ、親指くらいの太さに伸ばして10cm程度の長さに切り、ドーナツ型に丸くつなげる。
4. 180度の油できつね色になるまで揚げたら油をよく切り、温かいうちにそれぞれお好みのトッピングをする。

45 米粉でお菓子！

ミルクティーシフォンケーキ

もっちりしっとり食感がたまらなくおいしい
シフォンを作るなら米粉で間違いなし！

〈材料〉

直径14cmのシフォン型1台分

卵黄…2個分
きび砂糖…20g
サラダ油…大さじ2

A
- 豆乳…大さじ3
- 濃いめに入れた紅茶…大さじ1

B
- 米粉…50g
- ベーキングパウダー…小さじ1

C
- 卵白…3個分
- きび砂糖…20g

生クリーム…1/2カップ

〈作り方〉

1 ボウルに卵黄を入れて泡立て器でもったりするまで混ぜたら、きび砂糖を加えしっかり泡立てる。

2 ❶にサラダ油を少しずつ加えながら混ぜ、さらに合わせたAを加えてよく混ぜる。Bを２回に分けて加え、さっくりと混ぜ合わせる。

3 別のボウルにCの卵白を入れて少し泡立て、きび砂糖を２～３回に分けて加えてツノが立つまで泡立て、かためのメレンゲを作る。

4 ❷の生地に❸を２回に分けて加え、泡をつぶさないようにまんべんなく混ぜ合わせる。

5 ❹を型に流し入れ、180度のオーブンで20～25分焼き、焼き上がったら型を逆さにして完全に冷ます。

6 型に沿ってパレットナイフを抜き刺しさせ、型からケーキをはずす。適当な大きさに切って皿に盛りつけ、泡立てた生クリームを添える。

46 米粉でお菓子！

フルーツケーキ

フルーツをふんだんに使った２種のケーキ
おもてなしやプレゼントにもぴったりな一品

〈材料〉

10×10㎝の型２台分

無塩バター…100g
きび砂糖…100g
卵…２個
A 米粉…100g
アーモンドパウダー…50g
洋梨（缶）…２切れ
ミックスベリー… １カップ

〈作り方〉

1. 室温に戻した無塩バターをボウル入れて混ぜる。クリーム状になったらきび砂糖を加えてすり混ぜ、卵を加えてさらによく混ぜ合わせる。
2. ❶にAを加えて粉っぽさがなくなるまでよく混ぜ合わせる。
3. 型に❷を流し入れ、薄切りにした洋梨とミックスベリーをそれぞれの生地の上にのせ、170度のオーブンで30～40分焼く。

CHECK

フルーツを小さく切って生地に混ぜるのもおすすめです。また、洋梨、ブルーベリーに限らず、お好みのフルーツやドライフルーツでアレンジしてみてください。

米粉でお菓子！

47

チーズときな粉の2種のマフィン

しっとりと焼き上がる米粉のマフィン
腹持ちがいいので朝食にも最適！

チーズマフィン

〈材料〉

直径7cmのマフィンカップ2個分

A
- 米粉…100g
- ベーキングパウダー…小さじ1

きび砂糖…40g

粉チーズ…小さじ2

豆乳…3/4カップ

ナチュラルチーズ…40g

ローズマリー（生）…適量

〈作り方〉

1 ボウルにAを入れ、よく混ぜ合わせる。ナチュラルチーズは5㎜角に切り、ローズマリーは葉先を摘みとって粗みじんに切る。

2 ❶にきび砂糖、粉チーズ、豆乳を加えて、粉っぽさがなくなり生地がなめらかになるまでゴムベラでよく混ぜたら、最後にナチュラルチーズとローズマリーを加えて混ぜる。

3 ❷をマフィンカップに流し入れ、160度のオーブンで25〜30分焼く。

きな粉マフィン

〈材料〉

直径7cmのマフィンカップ2個分

A
- 米粉…70g
- きな粉…30g
- ベーキングパウダー…小さじ1

きび砂糖…40g

豆乳…3/4カップ

〈作り方〉

1 ボウルにAを入れ、よく混ぜ合わせる。

2 ❶にきび砂糖と豆乳を加えて、粉っぽさがなくなり、生地がなめらかになるまでゴムベラでよく混ぜる。

3 ❷の生地をマフィンカップに流し入れ、160度のオーブンで25～30分焼く。

49 米粉でお菓子！

コーヒーロールケーキ

しっとり生地とクリームからコーヒー風味が香り立つ
アーモンドダイスの歯ごたえがアクセントです

〈材料〉

28×24cmの天板1枚分

卵黄…2個分

きび砂糖…20g

サラダ油…大さじ2

濃いめに入れた
コーヒー…1/4カップ

米粉…70g

豆乳…大さじ2

A
- 卵白…2個分
- きび砂糖…20g

B
- ラム酒…大さじ1
- 水…大さじ1

クリーム
- C
  - 生クリーム…1カップ
  - きび砂糖…大さじ1
- 濃いめに入れた
  コーヒー…大さじ1
- アーモンドダイス…大さじ2

〈作り方〉

1 ボウルに卵黄を入れ、泡立て器でもったりするまで混ぜ、きび砂糖を加えしっかり泡立てる。

2 ❶にサラダ油、コーヒー（1/4カップ）、豆乳を加えてなめらかな状態になるまで混ぜ、最後に米粉を加えてゴムベラで手早く混ぜ合わせる。

3 別のボウルにAの卵白を入れて少し泡立て、6分立て程度になったらきび砂糖を2～3回に分けて加える。ツノが立つまで泡立て、かためのメレンゲを作る。

4 ❷の生地に❸のメレンゲを2回に分けて加え、泡をつぶさないようにサックリと混ぜ合わせる。

5 クッキングシートを敷いた天板に❹を流し入れて表面を平らにならし、170度のオーブンで15分程度焼く。

6 焼き上がったらケーキクーラーの上にのせ、乾燥しないようラップをかけて冷ます。

7 冷めたら表面にハケで合わせたBをぬる。

8 別のボウルにCを入れて7分立てに泡立て、コーヒー（大さじ1）、アーモンドダイスを混ぜ合わせる。

9 ❼の生地の手前に2～3本横に切れ目を入れ、❽のクリームを全体に平らに伸ばしたら、きつくぎゅっと巻く。冷蔵庫で1時間以上休ませてから切り分ける。

50 米粉でお菓子！

ブラウニー

さっくりとした食感にコクのある味わい
天板に分厚く伸ばして大胆に焼き上げて

〈材料〉

15×23㎝の天板1枚分

A
- 米粉…100g
- ベーキングパウダー…小さじ1

スイートチョコレート…50g
無塩バター…50g
卵…1個
きび砂糖…80g
ドライフルーツ…40g
くるみ…40g

〈作り方〉

1 スイートチョコレートは粗く刻んで耐熱容器に入れ、ラップはせずに電子レンジで1分程度加熱して溶かす。

2 室温に戻した無塩バターをクリーム状に混ぜ、卵、きび砂糖、チョコレートの順に加え、泡立て器で白っぽくなるまでよく混ぜる。

3 ❷のボウルにAを加えてゴムベラでサックリと混ぜ合わせ、ドライフルーツと刻んだくるみを混ぜる。

4 天板にクッキングシートを敷き、❸の生地を流し入れて表面を平らにならし、180度のオーブンで20分程度焼く。粗熱がとれて完全にかたまったら切り分ける。

スコーン

ナッツがたっぷり入った
香ばしさを楽しめる
甘さ控えめスコーン

〈材料〉4個分

- A
  - 米粉…100g
  - ベーキングパウダー…小さじ1
  - きび砂糖…大さじ1
- 無塩バター…40g
- プレーンヨーグルト…80g
- ナッツ類…50g
- 打ち粉…適量

〈作り方〉

1. ボウルにAを混ぜ合わせて、1㎝角に切った無塩バターを加え、指でつぶすようにしながら粉と混ぜていく。
2. バターが細かくなり粉全体と混ざったら、ナッツ類とプレーンヨーグルトを加えてさらによく混ぜ合わせる。
3. 生地がまとまってきたら、打ち粉をして手で形を整え、包丁で食べやすいよう4等分に切る。
4. クッキングシートを敷いた天板に❸をのせ、200度のオーブンで15〜20分焼く。

CHECK

ナッツ類以外にもごまやチーズ、レーズンやドライフルーツなどを加えてアレンジしてみてください。

52 米粉でお菓子！

エクレア

シュー生地にもクリームにも米粉を使って
生地を焼く際にはオーブンを開けないことが鉄則！

〈材料〉6個分

シュー生地

- 米粉…30g
- 卵…1個
- A
  - 無塩バター…20g
  - 豆乳…大さじ1
  - 水…35cc
  - きび砂糖…ひとつまみ

チョコカスタードクリーム

- 米粉…20g
- きび砂糖…30g
- 豆乳…200cc
- 卵黄…2個分
- スイートチョコレート…30g
- ※スイートチョコレート…適量

〈作り方〉

1. 鍋にAを入れて中火にかけ、沸騰したら火を止めて木べらでよく混ぜ、一気に米粉（30g）を加えてすぐにかき混ぜる。
2. 再び弱火にかけ、粉っぽさがなくなるまで焦がさないよう手早く混ぜて、火から下ろす。
3. ❷に溶いた卵を少しずつ加える。生地をすくい上げて、なめらかに7～8秒で落ちる程度のかたさまで練る。
4. 丸口金を入れた絞り袋の中に❸を詰める。クッキングシートを敷いた天板に間隔をあけて棒状に絞り出し、200度で10分、さらに180度で20分焼く。焼き上がったら天板にのせたまま冷ます。
5. 小鍋に米粉（20g）ときび砂糖（30g）を入れて混ぜ、豆乳を少しずつ加えながらよく混ぜ合わせる。
6. ❺を中火にかけながらたえず混ぜ、フツフツとしてきたら鍋ごと火から下ろし、熱いうちに卵黄を少しずつ加えてなめらかになるまで混ぜ合わせる。
7. 再び火にかけ、フツフツとしてきたら火から下ろし、細かく割ったスイートチョコレート（30g）を加えてさらに混ぜ、粗熱がとれたらバットに広げて表面に直接ラップをして冷蔵庫で冷やす。
8. ❹の底に穴を開けるか横に切れ目を入れて❼を絞り袋で絞り入れ、溶かしたチョコレートを表面につけてケーキクーラーなどの上でかためる。

53 米粉でお菓子！

木の実のタルト風ケーキ

木の実でゴージャスに飾られた香ばしいケーキ
仕上げにかける焦がし砂糖のほろ苦さが大人の味わい

〈材料〉直径15cm丸型1台分

無塩バター…100g
きび砂糖…70g
卵…2個
A 米粉…100g
A アーモンドパウダー…50g
B グラニュー糖…50g
B 水…大さじ1
アーモンドなどの木の実…100g

〈作り方〉

1 ボウルに室温に戻した無塩バターを入れて混ぜる。クリーム状になったら、きび砂糖を加えてすり混ぜ、卵を加えてさらによく混ぜ合わせる。

2 ❶にAを加えて粉っぽさがなくなるまで混ぜ合わせる。

3 クッキングシートを敷いた型に❷の生地を流し入れ、木の実をたっぷりのせて、180度に温めたオーブンで25〜30分焼く。

4 鍋にBを入れて火にかけ、時々鍋をゆする。キャラメル色になったら焼き上がった❸にかける。

54 米粉でお菓子！

豆腐入りベイクドチーズケーキ

口の中でとろけるくらいなめらかでしっとり
米粉チーズケーキは作ってみる価値あり！

〈材料〉

直径15cm丸形1台分

クリームチーズ…200g
サワークリーム…50g
きび砂糖…50g
絹ごし豆腐…100g
卵…1個
生クリーム…1/2カップ
米粉…30g
レモン汁…小さじ1

〈作り方〉

1. ボウルに室温に戻したクリームチーズを入れてなめらかになるまで混ぜ、サワークリーム、きび砂糖を加えてよく混ぜ合わせる。
2. ❶によく水切りした絹ごし豆腐、卵、生クリームの順に入れてよく混ぜ合わせ、米粉を加えて粉っぽさがなくなるまで混ぜる。
3. ❷にレモン汁を入れ、混ぜ合わせたら、クッキングシートを敷いた型に流し入れ、200度に温めたオーブンで30分程度焼く。しっかり冷めてから型からはずす。

55 米粉でお菓子!

メープル風味のクラフティ

甘〜いデザートグラタンはお手軽な一品
時間がないときにもささっと作れる嬉しいスイーツ

〈材料〉2人分

A
- 白桃（缶）…150g
- みかん（缶）…150g

無塩バター…10g
卵…1個
メイプルシロップ…大さじ1
米粉…20g

B
- 豆乳…80cc
- 無塩バター…小さじ1/2

〈作り方〉

1 鍋に無塩バターを溶かし、薄切りにした白桃と汁気をきったみかんを加えて軽く炒める。

2 耐熱容器にBを入れて、ラップをしないで電子レンジで30秒加熱する。

3 ボウルに卵を溶き、メイプルシロップと米粉を加えて混ぜ合わせたら少しずつ❷を加える。

4 グラタン皿に❶を盛り、❸を流し入れる。

5 天板に湯を注ぎ、180度のオーブンで20分程度焼く。

ガトーショコラ

軽い口当たりでたくさん食べてしまうおいしさ
誰かに贈りたい本格ケーキです

〈材料〉

直径15cmの丸型1台分

スイートチョコレート…100g
無塩バター…70g
卵黄…2個分
粉糖…50g
豆乳…1/4カップ
A 米粉…50g
A ココアパウダー…20g
B 卵白…2個分
B きび砂糖…20g

〈作り方〉

1 耐熱容器に粗く刻んだスイートチョコレートを入れ、ラップをしないで電子レンジで1分程度加熱して溶かす。

2 室温に戻した無塩バターをクリーム状になるまで混ぜ、卵黄を1個ずつ加えながら軽く泡立てる。

3 ❷のボウルに❶、粉糖、豆乳、合わせたAの順に加え、粉っぽさがなくなるまで混ぜ合わせる。

4 別のボウルにBの卵白を入れて少し泡立て、きび砂糖を2～3回に分けて加えてツノが立つまで泡立て、かためのメレンゲを作る。

5 ❸に❹を加えて全体にさっくりと混ぜ、クッキングシートを敷いた型に流し入れ、180度のオーブンで30分程度焼く。

57 米粉でお菓子！

チョコレートムース

なめらかな口溶けとコクのある味わいが◎
適度に冷やすことで絶妙な食感を生みます

〈材料〉2人分

米粉…大さじ1
スイートチョコレート…20g
A
豆乳…1カップ
きび砂糖…10g
粉寒天…2g
ココアパウダー…適量
刻んだチョコレート…適量

〈作り方〉

1 鍋にAを入れてよくかき混ぜ、弱火で煮溶かす。

2 さらに米粉とスイートチョコレートを加えて混ぜながら溶かし、とろりとなるまで煮詰める。

3 ❷の粗熱をとってから器に入れ、冷蔵庫で冷やす。

4 仕上げにココアパウダーをふって、刻んだチョコレートをのせる。

ブラマンジェ黒蜜ソース

黒蜜をかけていただく和風ブラマンジェ
米粉でとろみをつけたやわらかな食感です

〈材料〉2人分

米粉…100g
豆乳…1/2カップ
きび砂糖…20g
A 黒砂糖…20g
A 水…大さじ2

〈作り方〉

1. 鍋に豆乳ときび砂糖を入れてよくかき混ぜ、弱火で煮溶かす。
2. さらに米粉を加えてとろりとなるまでゆっくり煮詰め、粗熱をとって器に入れ、冷蔵庫で冷やす。
3. 耐熱容器にAを入れてよく混ぜ、電子レンジで1～2分加熱して黒蜜を作り、冷やす。
4. かたまった❷に❸をかける。

豆乳ゼリーのオレンジピューレがけ

あっさりゼリーに
甘酸っぱいピューレをかけて
やわらかい舌触りは
まさに至福のひとときǃ

〈材料〉2人分

米粉…大さじ1

A
- 豆乳…1カップ
- きび砂糖…10g
- 粉寒天…3g
- レモン汁…適量

B
- オレンジジュース…1/2カップ
- きび砂糖…10g
- 粉寒天…3g

〈作り方〉

1. 鍋にAを入れてよくかき混ぜ、弱火で煮溶かす。
2. ❶に米粉を加えて混ぜながら煮詰め、粗熱をとったら器に入れて、冷蔵庫で冷やす。
3. 鍋にBを入れてかき混ぜながら煮詰めていき、ピューレを作る。ボウルに移し、氷水につけて冷やしたら❷にかける。

コメコラム

5

米粉でパンも作れる！

米粉100%が前提の本書では紹介しませんでしたが、
米粉＋小麦グルテンで作る米粉パンはおすすめの一品。
新たな食感とおいしさは試す価値あり！

水分を含みやすいのが特徴の米粉は、小麦粉と比べるとしっとりとしています。そのため、ふんわりと仕上げる料理は苦手。パンは米粉だけで作るのが難しいのです。しかし、小麦グルテンを加えれば本来の小麦で作るパンと同じようなふっくらとした仕上がりとなり、さらに米粉のもちもち食感が加わったおいしいパンができます。

近年では米粉の普及の一環として、学校給食に米粉パンが出されるようになり、子供たちの人気を呼んでいます。米粉の波は今まさに広がりつつあるのです！